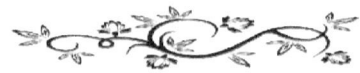

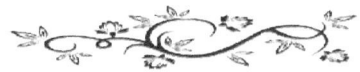

Duermevela

Carmen Cano

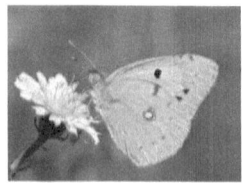

Del Alma Editores PR
Duermevela
© 2013 Carmen Cano
Todos los Derechos Reservados.
Imagen de portada: Carmen Cano
Imágenes del Libro: Carmen Cano
Editor: Glendalis Lugo
Corrección: Gladys Viviana Landaburo

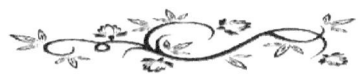

PRÓLOGO

Es un honor para mí, invitarlos a impregnar vuestras almas con cada palabra de este maravilloso "Duermevela", nacido desde la excelsa pluma inundada con el profundo sentir de la vena poética de Carmen Cano.

A través de esta exquisita obra, Carmen nos deja una preciosa porción de su alma, que desnuda y despojada, nos envuelve mágicamente en su maravillosa aventura de sentires profundamente humanos y, a su vez, etéreos.

Desde su sangre de poeta, vive ensueños y realidades más allá de todo tiempo marcado, para dar el gran salto junto con nosotros hacia lo intemporal; su esencia será sempiterna en cada página de esta grandilocuente obra.

Mis mejores augurios para DUERMEVELA, ¡Enhorabuena Carmen Cano!

Gladys Viviana Landaburo

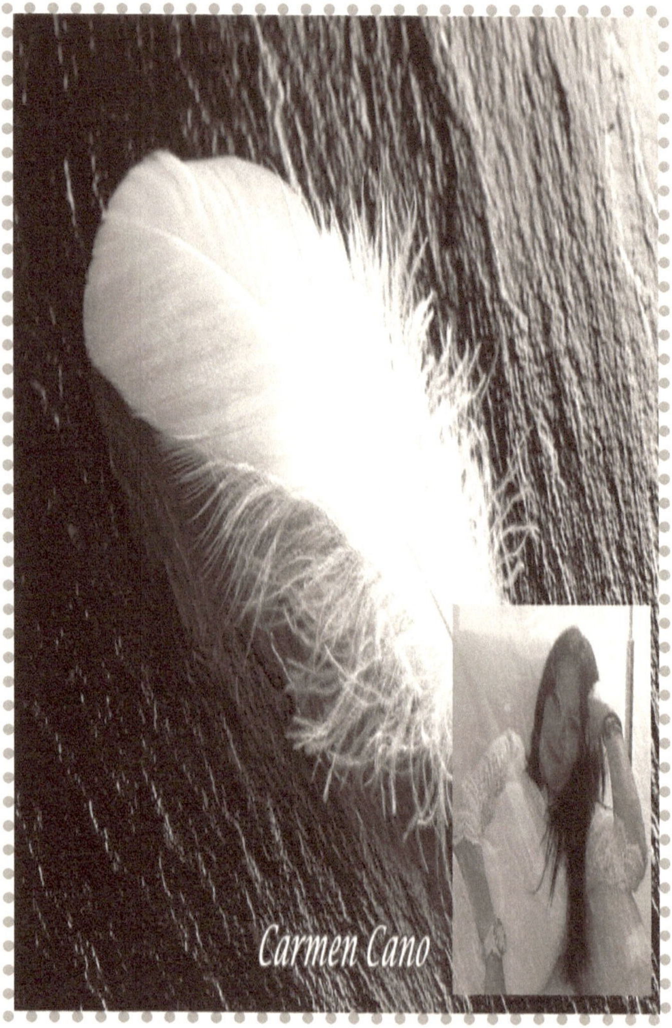

Carmen Cano

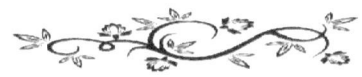

DEDICATORIA

Al tiempo…

Al pasado y a las personas que lo formaron,
porque hicieron de mi lo que hoy soy.

Al presente y las personas que lo habitan,
porque son mi refugio, mis fuerzas y mi vida.

Y al futuro y las personas que lo sueñan
conmigo,
porque son las alas que impulsan este sueño.

Carmen Cano

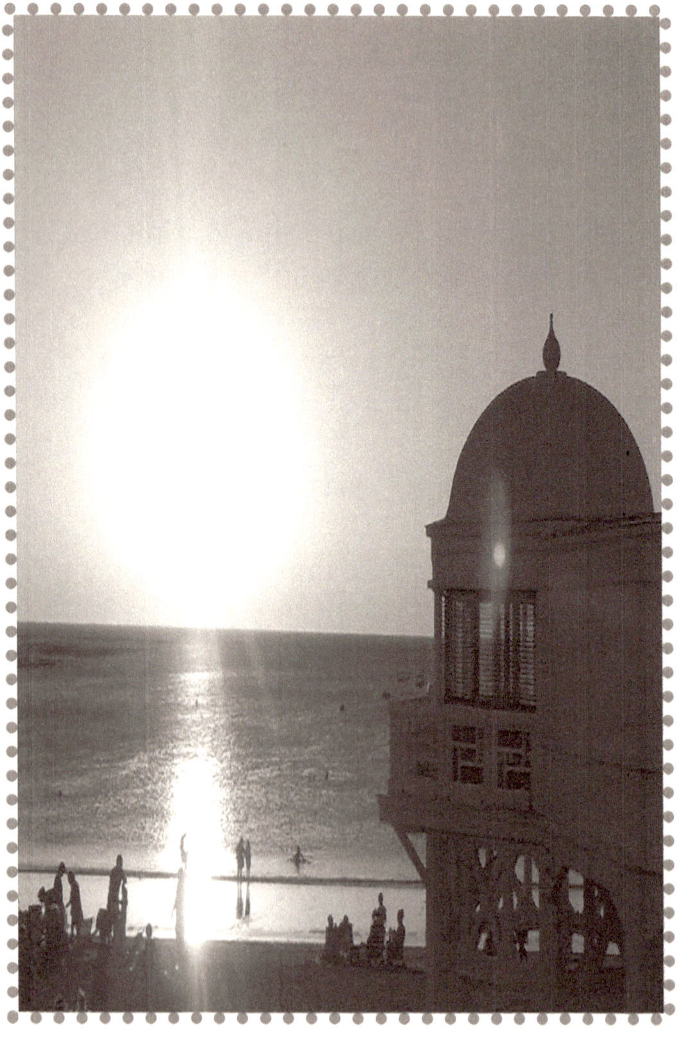

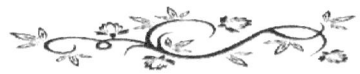

"SI MIS MANOS PUDIERAN DESHOJAR"

Yo pronuncio tu nombre en las noches
oscuras, cuando vienen los astros
a beber en la luna y duermen los ramajes
de las frondas ocultas.
Y yo me siento hueco de pasión y de música.
Loco reloj que canta
Muertas horas antiguas...

Federico García Lorca.

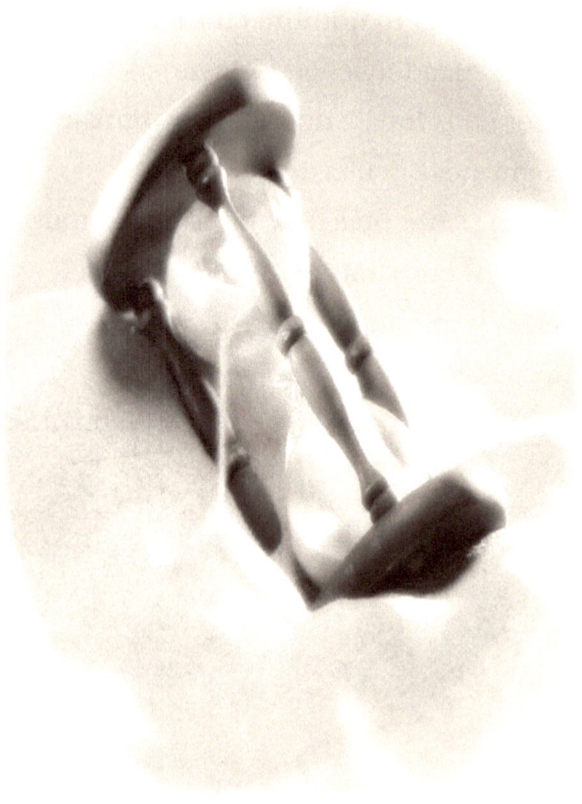

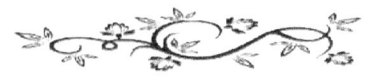

CALLEJUELAS

Callejuelas de mi mente
que recorro en la noche silenciosa,
callejuelas que me llevan
a perderme en el tumulto,
invisible entre la gente.

Pensamiento entretejiendo los hilos,
prendido por alfileres
a la tela de mi vida
donde anidan los ayeres.

Mañanas que se perdieron,
noches que soñar no pueden,
enigma en el laberinto
que por no pensar, no siente.

Maraña de pensamientos
donde no quiero perderme.

¡Esta noche no recorro las calles que hay en mi
mente!

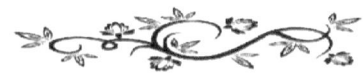

POSIBLEMENTE EN TIEMPO

Posiblemente el tiempo
consiga marchitar
aquellos tiempos
en que tu alma lloraba.

Quizás del árbol del olvido
florezcan esperanzas,
tal vez haya unos brazos
que abriguen tu sonrisa,
pero eso…, eso lo hará el tiempo.

Posiblemente el tiempo
se ocupe de borrar
las sombras que te acechan
y todas esas lágrimas
que el tiempo custodiaba
al caer sobre las ruinas
de tiempos olvidados,
hoy hagan germinar
promesas que devoren penas,
pero eso… eso lo hará el tiempo.

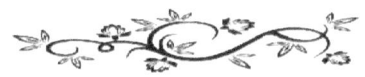

Posiblemente el tiempo
con su reloj de arena,
te acerque al universo,
te meza en un poema,
se detenga un momento
y al verse reflejado
en el brillo infinito
que desprenden tus ojos,
susurre suspirando:
"No he sido tu tormento,
soy solamente tiempo"

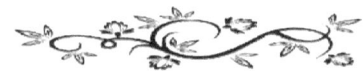

IMPOSIBLE NO EXISTE

"Imposible no existe", repetía,
incluso llegué a creerlo.

Pero imposible es
pretender controlar el tiempo
o detener el llanto,
cuando esta lágrima
rueda por mis mejillas
buscando su sendero.

Como imposible es sentirte mío,
cuando los besos
que se escapan de mis labios
se estrellan en el infinito
abismo del olvido.

Infinito, como el infinito del vacío
de esta distancia
que se cuela entre mis horas
y me recuerda tu ausencia.

Infinita soledad,
que prendida en mi reloj
me recuerda que no estás.

Pero ahora suena esa canción...

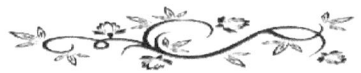

Entonces pienso de nuevo
y recuerdo nuestro cuento
de una princesa sin reino
que reina en tu corazón,
el que me entregas
tributando verso a verso,
cantando a la grandeza
de este amor.

Cierro los ojos y sueño,
divago en mis pensamientos:
"probablemente, quizás,
quién sabe...porque imposible,
imposible,… no existe"

INVOCANDO AL AMOR

Varada en la playa de tus besos,
invoco a este amor que estoy sintiendo,
como único testigo el firmamento,
de las voces silenciosas de un secreto.

Amor de viento y bruma,
de madrugadas eternas,
derroches de ternura.

Amor de este silencio,
que grita en la bravura
de un cuerpo que no tengo.

Amor de marejadas,
pequeñas tempestades
que arrebatan la calma.

Amor que viene y va,
pero siempre se queda
dando vida a palabras.
Amor que reta al tiempo...

Y me pierdo...,
en las aguas tranquilas
del lago de un recuerdo
y adormecida entre caricias
se derrama una lágrima de tinta
por la punta de mis dedos.

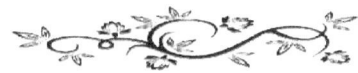

DUERMEVELA

Tras murallas edificadas de llantos
orbitan las horas que giran silencios,
en sueños soñados que sé que no llegan,
me mezo en las tinieblas de este duermevela.

Oscura nostalgia teñida de pena,
condena perpetua a arrastrar cadenas,
de un silencio a gritos, profunda tortura,
pues no hay peor castigo, que aquel que no sueña.

Silencio que llegas llamando al olvido,
matando ilusiones, arrasando sueños,
silencio teñido de vanas palabras,
llévate las horas, que hoy me apuñalan.

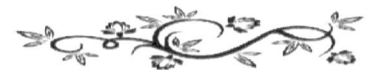

AMORES DE CUENTOS

En la silla de mi impaciencia,
me senté una tarde
paciente a esperarte,
contando las lunas
que llevo sin verte,
soñando los vientos
que llevan tu nombre.

Abriendo la puerta de un beso
que lleva tu aroma,
inventé recuerdos,
que soles lejanos,
grabaron a fuego
sobre mi memoria.

Acorté distancias,
llenando de tinta
todas las caricias
que se derramaban
y miles de versos
formaron los cuerpos
donde reposaban.

De páginas blancas
se hicieron las sábanas,
donde cada noche hubo una batalla
de pasión y fuego
y cada mañana llegaba la calma
de amantes exhaustos que se evaporaban.

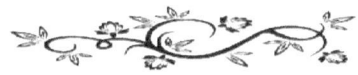

Historias de amor,
contadas por hadas,
historias reales, quizás inventadas,
amores que vencen
al mal de los tiempos,
tan solo amores, amores de cuentos.

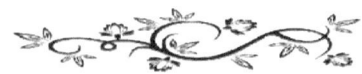

TU HUELLA EN MI TIEMPO

Dibujé el contorno de tus labios
en los rosados perfiles de un segundo,
en el contraluz de una caricia,
en la inmensidad de una gota de rocío.

Y mientras vagaba en la negrura inerte de las horas,
esperé a que ese segundo se hiciera eterno,
tan eterno como este suelo,
tan eterno como el cielo o el infierno,
tan eterno como este amor que te tengo.

Firmé en mi silencio la firme decisión
de amarte eternamente,
sin entendimiento ni control,
más allá de este segundo,
más allá del tiempo que nos ata,
más allá de todo mundo.

Despertando cada día
perfilando en los azules
la adversidad del camino,
convencida de que en algún punto
se encontraba mi destino.

Y en la eterna inmensidad de aquella lágrima,
que anunció que la sonrisa
nunca dura eternamente,
en juramento sin palabras
me juré amarte para siempre.

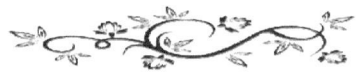

LE HE PEDIDO AL TIEMPO

Le he pedido al tiempo que aún nos falta,
que me preste una mañana anticipada,
despertarme con tu pecho como
almohada y la luz de tu mirada anunciando
la llegada de una vida para dos.

Le he pedido al tiempo que aún nos falta,
que me adelante una tarde, que no es nada,
para sentarme contigo en cualquier parque
y cobijada en tu abrazo, ver como se muere el sol.

Le he pedido al tiempo que aún nos falta,
que me anticipe solo una noche estrellada,
para hacerte el amor eternamente
y que hasta la luna, tímida y callada,
envidiosa deseara ella tenerte.

Le he pedido al tiempo que aún nos falta,
que cuando mi estrella se apague
y el segundero se pare,
cuando crea que ya nada puede adelantarme,
como una vida es muy poco,
que me dé una eternidad aún para amarte.

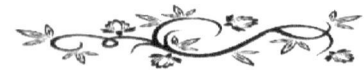

ME LLAMAN "LA LOCA"

Cada tarde se sentaba a la sombra de un deseo, "está
loca!", comentaban, "no ves que va siempre sola",
jugaba a contar el tiempo, a atraparlo entre sus dedos,
y lo veía pasar, mientras que iba maldiciendo.

Loca le llama la gente, porque no saben qué siente,
nadie sabe la tortura, de estar viviendo de un sueño,
un amor desesperado que se alimenta en su mente,
"pobre loca" dicen todos,
pero nadie la comprende.

"Y me llaman "la loca" por hablarle a la luna desde mi
ventana y enviarle besos envueltos con lazos de plata.

La loca, me llaman por llevar a deshora una sonrisa
prendida a mi boca,
por beberme las lágrimas sola… me llaman "la loca".

Ay amor, que detuviste el tiempo
dime ahora corazón, qué puedo hacer si no vivo, si el
mundo en el que habito es el de la ilusión, dime ahora
corazón, por qué me llaman la loca,
si mi única locura es amar como las locas sin medida
ni control".

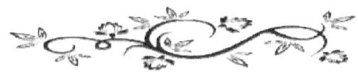

HOY SE DESPIERTA LA VIDA

Deja que en esta noche fría,
sean mis sueños los que templen tus sueños,
que sean mis manos repletas de caricias las que
cubran tus anhelos para llenarlos de vida,
que sean mis besos que despierten tus ansias
y saciar ese hambre que a los dos nos alcanza.

Vestirnos de suspiros y penetrar el alma,
latir acompasados de una pasión que clama,
derrochar jadeantes miradas que nos hablan,
alejarnos del mundo deshojando las horas.

Deja, que cuando llegue el sueño,
nos alcance soñando inundados de abrazos,
que el frío se ahuyente al calor de tus manos
y dormida en tu pecho nos florezca el verano.

Que en hilos de plata que tejamos soñando,
nos alcancen los tiempos cogidos de la mano,
reflejada en tus ojos se amanezcan mis años,
reflejado en los míos encuentres tus pasos.

Deja que al llegar la mañana,
sea mi voz susurrante quien templada te diga:
"despierta amor, que en tus brazos
hoy se despierta la vida para vivirla conmigo sin
medida"

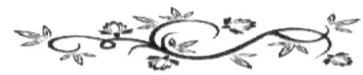

DIME CUÁNDO

Ahora que se oculta el sol,
ahora que la luz se ha ido,
me miras y te miro, y aún sin vernos,
en miradas fugitivas,
encendemos este fuego.

Quiero parar el reloj,
detener ese compás,
que el tiempo se vuelva eterno,
cuando consigo mirar
en tus ojos mi reflejo.

Y se pierde, en el canela de tu piel
la blancura de mis manos,
en la calidez de tu pecho,
la desnudez de mi cuerpo.

Y noches de pasión dormidas
se despiertan en el lecho,
deseo de dos amantes,
pasión que quema y no es fuego.

Y el silencio no es silencio
y la palabra no es verbo,
el aire que se condensa,
el respirar se hace lento.

Ardiente sed de tus besos,
que solo sacia tu boca,
hambre de sentirte mío,
hambre que me vuelve loca.

Tus manos potros salvajes,
en caricias se desbocan,
las mías cual mariposas,
vuelan surcando tu cuerpo…

Ahora que ya sale el sol,
que la noche es un recuerdo,
aún palpitan en mis labios
la dulzura de tus besos.

Dime cuándo...
¿cuándo haré una noche eterna?
Dime cuándo...
¿Cuándo podré manejar el tiempo?

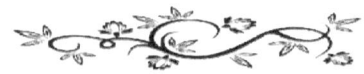

DESPERTARES

Se marchó,
como se marcha el invierno,
dejando verde en los campos
que otro tiempo muertos fueron.

Despertó,
tan solo se oyó a lo lejos
el quejido lastimero
de un fantasma que murió.

Así se fue la tristeza
sembrada de pena y miedo,
así despertó la vida,
fluyendo con la esperanza
que le regaló el deshielo.

Así volvió una sonrisa
y la noche no fue oscura
y la luna en tiempos muerta,
acompañaba los sueños
de futuros que despiertan.

Así volvió la inocencia,
así despertó de nuevo,
así palpitó ese pecho
que tanto tiempo fue muerto.

Y la vida ya fue vida
y el tiempo solo fue tiempo,
se fueron las pesadillas
y regresaron los sueños.

Las sombras por fin brillaron
y en a la luz de la alborada
con las ventanas abiertas,
se colaron mariposas,
dejando atrás las tormentas
que la soledad provoca.

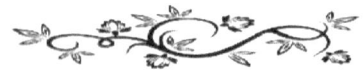

EL AMOR HECHO PALABRA

Como quien guarda un tesoro,
ella lo guardaba todo,
las palabras, las sonrisas,
las miradas, los momentos...

Hizo un mundo imaginario
pintado con ilusiones,
en el cual se iban mezclando
los sueños y realidades.

Hizo un libro de recortes
de palabras entregadas
y jugando a acariciarlas
así pasaba sus horas.

Lágrimas por las que duelen
corrían por sus mejillas,
ternura, pasión, entrega,
cuando en palabras sencillas
su amor le iba relatando
lo que por ella sentía.

Gastó las horas del día,
sus noches y madrugadas
acariciando las letras,
sola en su soledad,
hasta que sin darse cuenta
ella se volvió palabra.

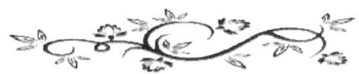

Y así se elevó en el aire,
viajando de boca en boca,
y fue palabra de aliento,
de reproche, de consuelo...
pero siempre estaba sola.

Detrás de una ventana,
alumbrado por la luna,
un poeta maldecía
por no encontrar las palabras,

había perdido a su musa,
a su amor, su inspiración...

En la pluma del poeta,
fue palabra, fue mujer,
fue verso de amor sincero,
beso que lanzado al viento

expresaba con palabras
que el amor no tiene tiempo
y da igual que sea palabra
o que sea tan solo un gesto.

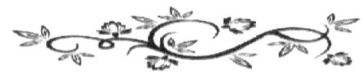

TIEMPO, JUGADOR EMPEDERNIDO

Tiempo que se escapa entre mis dedos,
tiempo que me hace prisionera,
tiempo que se llena de momentos,
tiempo de cruel espera.

Tiempo que vas y que vienes
que regalas y que quitas,
tiempo que vas tan deprisa
y que a veces te detienes.

Tiempo que en reloj de arena
dejas caer los amores
o rellenas primaveras.

Tiempo que tejes con sedas
tiempos de mañanas nuevas
y que vistes con espinas
angustiosas las esperas.

Siempre tiempo, solo tiempo,
un día me atas cadenas
y al instante me das alas
para volar sin fronteras,
jugando como tú sabes
con libertades y penas.

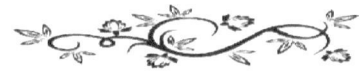

NADA IMPORTA

Qué importa...

Que las horas nos encuentren
despojados de relojes.

Que los besos que te sueño
se suspendan en el aire.

Que tus ojos se detengan
en los míos sin mirarse.

Que tu voz tenga
el sonido que yo invente.

Que tus labios y los míos
se encuentren sin encontrarse.

Nada importa,
si yo sé bien y tú lo sabes
que una palabra nos sobra,
para que el tiempo sea nuestro
para sentir nuestros besos,
para que sea mi voz en el viento
la que susurre "te quiero".

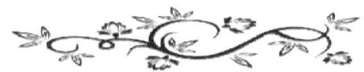

EL FUEGO DE UNA LÁGRIMA

En el fuego de una lágrima que quema,
se perdió un segundo de tu voz.

En el dolor de ese grito que no cesa,
se apagó un latido para dos.

Y una mañana al despertar
ya no hubo nada,
entre sábanas
revueltas mil palabras.

El sonido tan lejano
de un "te quiero"
martilleando a conciencia
mis entrañas.

Y hubo luz
más mis ojos no la vieron,
y hubo aire que mis pulmones no quisieron,
se negó mi pecho a latir por un momento en el
instante
en que todo se vio negro.

Habla ahora
o ya jamás me digas nada,
pero no me hagas pagar
con esa indiferencia que me mata.

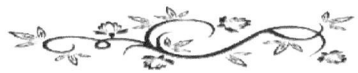

Y así tras la estela que sus pasos me dejaron, me perdí en la noche indiferente, confundida en los gritos que he ahogado, refugiándome en las lágrimas silentes...

Y así fue como matamos nuestra historia: con palabras que sonaron y callaron y así es como espero cada noche un final para este cuento inacabado.

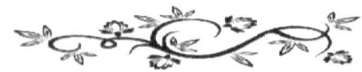

¿QUIÉN SERÁ QUIEN MARQUE EL TIEMPO?

Reloj de arena
que impasible marca el tiempo,
suspiros en palabras,
en tiempos que se escapan.

Momentos vividos
de ilusiones perdidas,
momentos soñados
en que no había despedidas.

¿Quién será quien marca el tiempo?
¿Realmente es el reloj o es solo el sentimiento?

Manecillas de lamentos inaudibles,
marionetas colgando de unos hilos,
jugador impulsivo y compulsivo,
"tic tac" a la deriva marcándonos camino.

¿Quién será quien marca el tiempo?
¿o quizás, es que no existe el tiempo que nos
imponemos?

Tiempos se miden en horas,
en minutos, en segundos,
otros lo miden en sueños, ilusiones,
o tristezas e infortunios.

Tiempo se mide con tiempo,
pero...

¿Quién será quien marque el tiempo?

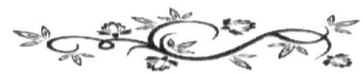

POR UN DÍA

Regálame un segundo que te sobre,
un minuto de tu vida,
o tan solo una mirada..
regálame solo un día.

Regálame una caricia,
ese beso que te sueño,
un instante sin mañana...
regálame solo un día.

Regálame una palabra,
una confidencia perdida,
o un silencio que te guardas,
regálame solo un día...
yo te regalo mi vida.

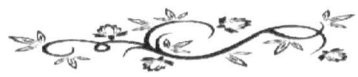

LA ESPERA

Te espero, en el rincón de los recuerdos,
a media luz, el alma siempre espera,
junto al cofre de tesoros de momentos,
que me regala cada día tu presencia.

Espero encontrarme contigo en estos versos,
fundidas tus palabras y las mías,
rellenar primaveras con mil besos,
amándonos hasta que llegue el día.

Espero...
al ave en mi ventana,
las caricias de seda al batir de sus alas,
al viento que acaricia
y me trae tus palabras envueltas en la brisa.

Espero...
ese sol de tus besos,
que cada mañana acaricia mi cuerpo.
y espero a la luna compañera,
aquella que me dice:

"espera solo espera...
que será vuestro el tiempo".

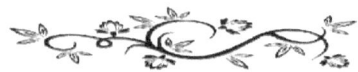

SOMOS TIEMPO

Hay quien dice que no existen otras vidas, que el tiempo se va y nunca vuelve que se lleva todo, solo quita, hay quien asegura que el tiempo pasado siempre fue mejor.

Algunos, incluso piensan que el tiempo existe... yo no, yo soy de esas locas que por algún motivo inexplicable dejaron salir en alguna ocasión de un manicomio, por eso creo que el tiempo no existe, el tiempo somos nosotros, por eso nos esclaviza, porque no es un agente externo que nos invada, es ese reloj que llevamos dentro el que nos marca.

Creo, que la forma de medirlo, la inventó algún desesperado por el tiempo como yo, alguien que necesitaba sentir que tenía el control y por eso le puso medida y lo acotó. Cada minuto sesenta segundos, cada hora sesenta minutos, cada día veinticuatro horas... y así sucesivamente, encadenando instantes:

Por fin creyó controlarlo y al conseguirlo, solo descubrió, que estaba más esclavizado, porque se había centrado tanto en acotar y definir esos instantes que le marcaban, que perdió la poca cordura que le quedaba contando las horas de la mañana a la noche.

¿Qué somos?, somos ese tiempo, el que da y quita, el que nos llena y nos vacía, el que nos hace vivir la

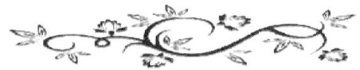

misma vida o mil vidas diferentes, somos todo y
somos nada, dueños y esclavos, amos y sirvientes.

Marionetas a merced de hilos que gobierna el tiempo
y nos negamos a creer que somos nosotros mismos
quienes los movemos, ralentizamos los tiempos o los
damos alas, somos tiempo, infinito tiempo.

¿Que quién soy yo?
Yo solo soy una hora perdida, que busca como todas
ser marcada en tu reloj.

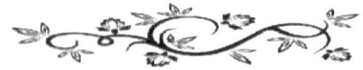

ELIJO

Elijo los versos que aún no he dicho,
las mañanas que aún no conocen el sol,
las noches ausentes de luna.

Elijo los latidos que están por dar vida,
los suspiros que rondarán tu calle,
elijo elegir un futuro
dejando el pasado al ayer.

Elijo y vuelvo a elegir
los versos que están por venir.

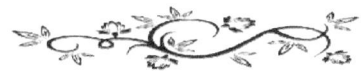

¿DUEÑOS O ESCLAVOS?

Dicen que somos los dueños
de todos nuestros silencios
y por eso decidimos
cuando queremos usarlos.

Dueña soy de mis silencios,
igual que esclava del tiempo.

Esclava de mis palabras,
como dueña de mi nada.

Dueña soy de mi mirada,
esclava de a donde mira.

Esclava de una sonrisa
y dueña de perseguirla.

Somos esclavos y dueños,
del tiempo, de las palabras,
de dar todo lo que entregamos,
de pedir lo que no damos.

Somos esclavos y dueños
de perseguir nuestros sueños
y vivir para soñarlos.

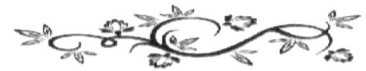

MAÑANAS NUEVAS

¿Y si al llegar la mañana,
exhaustos de tanto amar,
el sol sorprende en la cama
desnudos a dos amantes?

¿Y si revueltas las sábanas,
tan solo hablan de amor
y de una fiera batalla?

¿Y si al despertar el alba,
despiertan nuevos jadeos
de deseos en dos cuerpos?

Pues que se detenga el tiempo
y tus dedos sean reloj
marcando ritmo en mi pecho
y mis besos sean la brisa
que encienda un nuevo deseo.

¡Que se detenga el tiempo, que pare!,
que por el resto del día
quiero hacer vida en tu cuerpo.

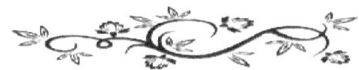

DISTANCIA IRREAL

Vivo en tu futuro,
cabalga mi tiempo delante del tuyo,
tu día y mi noche que se superponen
en mundos paralelos,
universos concordantes
haciéndole guiños al destino.

Amamos futuros que también son pasados, arañamos
segundos
que nos son ajenos y nos pertenecen,
pero en otros tiempos.

Ni momentos, ni recuerdos,
distancia irreal coexistiendo en sueños.

Felicidad inventada al calor de una esperanza, latidos
armónicos como estoicos peces de hielo desafiando a
un verano, que no es tuyo ni mío,
también inventado, como aquellos labios que se
reconocen y no se han rozado.

Mensajes cifrados, que recorren mares
de horas indescifrables.

Espera por mí, espera conmigo
y cuando nuestros relojes se sincronicen,
vivamos por fin el mismo tiempo

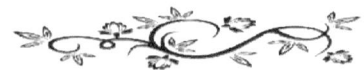

DESDE LA VENTANA

Desde la negra ventana de la noche,
tengo palco de honor en este sueño
y meciéndome en la espiral de los recuerdos,
me despierto sentada en tu sillón,
ahí está tu mesa y tu brasero...

Y le escucho, entonando coplillas para el viento,
mientras, tú y yo,
mantenemos conversaciones sin palabras, en el
silencio que mueve tu silencio.

Me pierdo en el brillo gris de tu mirada...
Parece increíble, pero hace tanto tiempo...

De repente la alegría entra en la sala
-"pero bueno, ¿a qué vienen esas caras?"
-" no es nada, no pasa nada"...
 y reímos.

Es curioso como el sueño
va tiñendo los recuerdos
y veo reflejos sepia sobre aquel aparador
donde apilabas secretos y la taza de tesoros,
¿ la recuerdas?

Despacito él se sienta allí a tu lado y al mirarte,
veo mil años de amor
reflejados en las manos arrugadas por el tiempo,
las batallas y los años.

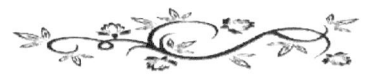

Tantas lunas dormidas
que dieron brillos de plata
a la noche que adornaba tu cabello....

Cuánto amor...

Entonces pienso
"sí, eso es justo lo que quiero". ..

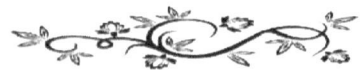

A TI, QUE ERES MI TIEMPO

Destila en tu alambique este nuevo tiempo,
haciendo un elixir de sueños nuevos
que tomemos despiertos,
así cuando soñemos,
será el abrigo del tiempo
quien cubra los deseos.

Bebamos sorbo a sorbo,
henchido el corazón en cada beso,
penetrando el alma,
calando hasta los huesos,
así será tu esencia
una parte de mi cuerpo,
así será mi cuerpo
el camino a tu casa.

Agotemos el tiempo
inventando uno nuevo,
cascada interminable de segundos
que nadie nos regala,
minutos que ganamos con minutos,
victoriosos de un tiempo que no escapa.

Saciar tus ansias con caricias,
marcando un tiempo eterno
con las manecillas del reloj imaginario
de mis piernas rodeando tu cintura.

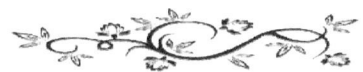

VIVIR CONTIGO, MORIR EN TI

Puedo despertar esta mañana
vestida de brisa y volar,
surcar el espacio
que nos une y nos separa,
acortar esta distancia.

Tomar un sorbo
de suspiros humeantes,
zambullirme en el mar
que hay en tus ojos
y verme reflejada en el brillo
que desprende tu mirada.

Caminar, descalza y de puntillas,
por las horas de este día,
prenderme a tu sonrisa
disfrutando cada pequeña cosa
de tu vida y de la mía.

Y morir cada noche
enterrada en tu piel,
fundida con tu esencia,
esperando con más fuerza
cada nuevo amanecer.

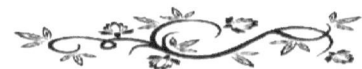

HOY QUIERO HABLAR DE TI

Hoy quiero hablar de ti,
mientras navego siguiendo
el curso de esta lágrima
que te echa de menos,
porque extraño tus palabras, tus silencios
tus caricias y tus besos.

Sentir que tu deseo es mi deseo,
que tus sueños son caricias en mi piel,
que tu mirada es el lugar donde reposo.

Vibrar con cada palabra de tus labios,
con el destello de las sonrisas que dibujas para mí,
con cada suspiro que me lleva hasta tu lado.

Reposar en el sueño que soñamos,
en ese universo que día a día construimos
cuando nos vemos sin mirarnos.

Porque estás en aroma del café
que me despierta en la mañana,
en la fresca brisa que entra por la ventana,
en la luna que acompaña mis insomnios,
y en el sol que me anuncia
que ya queda un día menos.

Porque estás en la canción que ahora suena,
en la tinta invisible con que anoto nuestra cita,
estás presente en cada gesto,

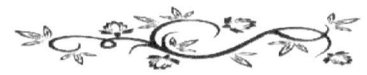

en cada sonrisa, en cada pensamiento,
porque si te hablo, si te pienso, si te siento, se
difuminan los miedos
y en la ausencia tu recuerdo es compañía.

Porque aunque no estés, estás en mí,
por eso hoy…
hoy solo quiero hablar de ti.

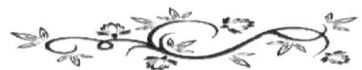

SE ME OLVIDÓ APRENDER

Aprendí a vivir sin ti,
a que no me hicieras falta
y cuando ya te marchabas
necesité todas tus palabras.

Aprendí a no llorarte,
a saber que estaba sola,
a rellenar con silencio
mi vida y todas mis horas.

Aprendí a no buscarte
aunque estuviera perdida,
a vagar sola en la noche
a inventarme mis sonrisas.

Aprendí a no soñarte,
a no verte, no llamarte,
no abrazarte, no tenerte...

pero amor lo que no aprendí fue a no necesitarte.

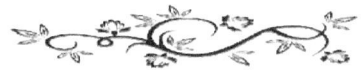

SERÁ

Será que te buscaba sin saberlo,
será que al encontrarte tuve miedo,
de ese amor que entregaste entre tus miedos,
de ese amor que me prometía el cielo.

Será que en la noche de mis sueños,
será que te sueño sin pensarlo
y durmiendo en nuestra cama entre tus brazos el
mañana no se hace tan pesado.

Será que en el sabor que imagino de tus besos,
será que es ahí donde encuentro mi alimento,
y mi cuerpo pide ser ya parte de tu cuerpo y mi vida
se evapora si pienso que no te tengo.

Será que si te pienso, solo pienso
que es a tu lado donde tengo mi universo e imagino
junto a ti mil mundos nuevos,
será vida mía que te quiero.

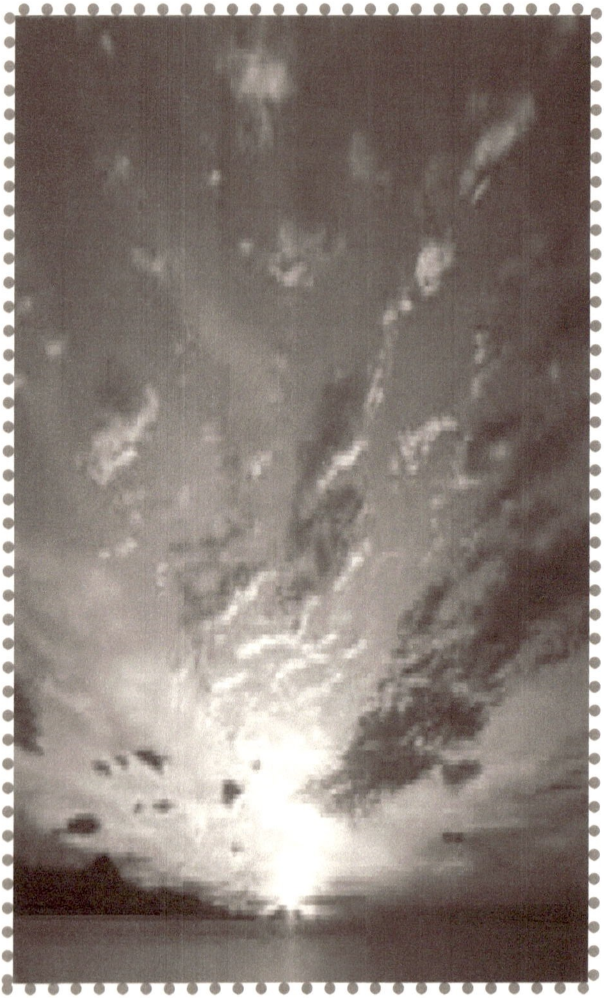

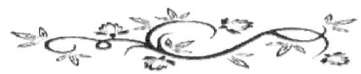

LA PALABRA EN MÍ

Desde tiempos inmemoriales, la palabra ha sido el bien más preciado y menos valorado por los hombres, la palabra puede ser la más cruel de las armas, esa que mata sin sangre o la más dulce de las caricias, la que se entrega sin siquiera rozarse.

Al final, y aún sin darnos cuenta, todos estamos hechos de palabras, las que nos definen, con las que nos expresamos, las que decimos e incluso las que callamos, son las que forman nuestra esencia.

Si tuviera que definirme en unas cuantas palabras sería realmente difícil, porque tan solo podría decir que yo soy yo y eso sería absurdo y redundante, o podría empezar diciendo cómo me llamo y dónde nací, pero realmente no creo que eso tenga un valor significativo, porque da igual donde hayamos nacido o cómo nos llamemos, todos al final sentimos de la misma manera, por eso creo que me definen mejor mis sueños, esas pocas palabras que lanzo al viento y si por un momento alguien se sintiera identificado con ellas, ese sería mi nombre ...tiempo, el que me regalan, el que me compone y el que hoy me acerca a ti.

Carmen Cano

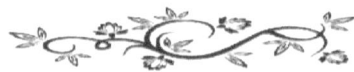

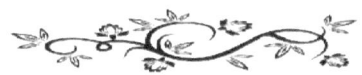

ÍNDICE:

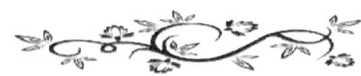

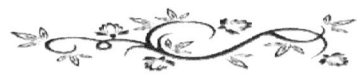

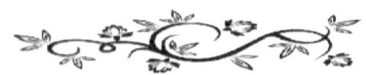

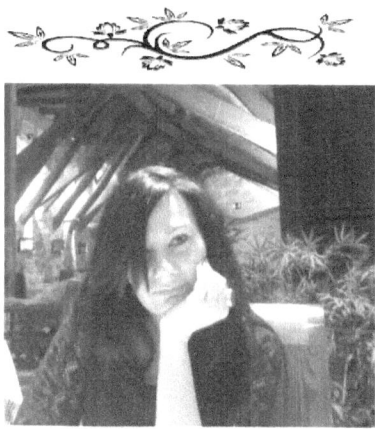

Carmen Cano David.
 Nacida en Talavera de la Reina (Toledo)(España), un 14 de julio de 1976.

Se supone que en este espacio, debo hablar de mí, acercarme a ti, que hoy estás leyendo mis líneas y que así me conozcas un poco más, que posiblemente, llegues a saber cómo y porqué me enamoré de la poesía y si en algún momento he conseguido conectar contigo a través de mis versos, que descubras qué fue lo que me hizo ser como soy o sentir como siento.

Llegué a este mundo en una época de cambios, acabada la dictadura y recién nacida la democracia en España, ambas hemos caminado de la mano, en libertad de pensamientos y creciendo en las vivencias de un país que se reinventaba por momentos, tal vez eso ha marcado mi carácter, o tal vez no, pero sí es cierto, que tengo esa capacidad de sobreponerme, de renacer cada mañana, de auto identificarme como libre, del total cuestionamiento y del no conformismo.

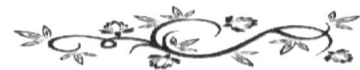

renacer cada mañana, de auto identificarme como libre, del total cuestionamiento y del no conformismo.

Si pienso en mi infancia, tan solo vienen a mi memoria momentos felices, risas y juegos con mis hermanos, reuniones familiares, veranos al sol… es una etapa por la que suelo pasear a menudo a través de esos maravillosos recuerdos que tengo y eso se lo debo a mis padres, que supieron hacer de mi la mujer que soy hoy.

Mi día a día, mi "hoy", se escribe con la palabra "plenitud", disfruto de mi vida, de mis hijos, de mi familia…, a los que no tendría palabras suficientes para agradecerles la vida que me regalan día a día.

Siempre tuve una inquietud especial por las letras, desde muy pequeña y aunque mi vida laboral nada tiene que ver con ellas, es ahí donde encuentro mi refugio particular, posiblemente por eso, porque las letras son el mundo que me permite desconectar del mundo y a la vez fundirme con él.

He participado en varias antologías poéticas, compartiendo páginas con grandes poetas de habla hispana, lo que me ha permitido crecer como persona, absorber sensaciones y sentimientos plasmados en letras y desarrollar más mi pasión por la escritura, no sé si bien o mal, pero pasión al fin y al cabo.

Actualmente, tengo la grandísima suerte de colaborar con **www.almaenradio.com**, emisora online que dedica su tiempo y esfuerzos a dar difusión y cabida a artistas desconocidos, centrando gran parte de su programación en la difusión de la poesía, esto me ha permitido, además de conocer a maravillosas personas, realizar una tarea que me llena por completo y es sumamente gratificante.

Entre mis metas, por encima de cualquier cosa, está la de ser feliz, compartir con mi familia y con todas las personas que me quieren y a las que quiero, vivir cada día intensamente, reír como loca, aunque no existan motivos y llorar, sí también llorar, porque eso significa que estoy saboreando la vida plenamente, con sus luces y sombras.

Sueño seguir expresándome a través de la palabra, la palabra de verdad, sin dobleces, la que no se pronuncia con la boca, la que sale directamente del corazón.

Si lo consigo, habré cumplido mis sueños.

www.ingramcontent.com/pod-product-compliance
Lightning Source LLC
Chambersburg PA
CBHW021037180526
45163CB00005B/2162